CATALOGUE

D'ESTAMPES

ANCIENNES ET MODERNES

ENVIRON 10,000 PIÈCES

GRAVURES ET VIGNETTES DES XVIe XVIIe ET XVIIIe SIÈCLES,
PORTRAITS, VUES, EAUX-FORTES MODERNES, ETC.

GRAVURES EN LOTS

DONT LA VENTE AUX ENCHÈRES PUBLIQUES AURA LIEU

HOTEL DES COMMISSAIRES-PRISEURS, RUE DROUOT, N° 9

SALLE N° 1

Le mardi 29 décembre 1885

À deux heures très précises.

Me Paul **CHEVALLIER** | M. **DELORIÈRE**
Commissaire-priseur. | Éditeur d'estampes expert,
10, RUE GRANGE-BATELIÈRE, 10 | 15, RUE DE SEINE, 15

Chez lesquels se distribue le catalogue

PARIS — 1885

CATALOGUE

D'ESTAMPES

ANCIENNES ET MODERNES

ENVIRON 10,000 PIÈCES

GRAVURES ET VIGNETTES DES XVIᵉ XVIIᵉ ET XVIIIᵉ SIÈCLES,
PORTRAITS, VUES, EAUX-FORTES MODERNES, ETC.

GRAVURES EN LOTS

DONT LA VENTE AUX ENCHÈRES PUBLIQUES AURA LIEU

HOTEL DES COMMISSAIRES-PRISEURS, RUE DROUOT, Nᵒ 9

SALLE Nᵒ 4

Le mardi 29 décembre 1885

A deux heures très précises.

Mᵉ Paul **CHEVALLIER** | M. **DELORIÈRE**
Commissaire-priseur. | Éditeur d'estampes expert,
10, RUE GRANGE-BATELIÈRE, 10 | 15, RUE DE SEINE, 15

Chez lesquels se distribue le catalogue

PARIS — 1885

CONDITIONS DE LA VENTE

———

La vente aura lieu expressément au comptant.

Les acquéreurs payeront en sus des enchères cinq pour cent applicables aux frais.

L'expert se réserve la faculté de rassembler ou de diviser les lots.

Aucune réclamation ne sera admise une fois l'adjudication prononcée.

DÉSIGNATION

ESTAMPES

1   **Adam** (et divers). — Études de chevaux. Lithographies.
49 pièces.

2   **Aliamet**. — **Allori**. — **Aquaroni**. — **Audran**. —
La visitation, belle épreuve. L'enlèvement des Sabines.
Diane. Vues de Rome. 8 pièces.

3   **Appian**. — **Aranda**. — etc. — Ruines en Égypte.
Les bibliophil s. Paysages à l'eau-forte : 6 pièces dont
2 avant la lettre.

4   **Ary Scheffer** (d'ap.). — **Biard**. — Le larmoyeur.
La fiancée d'Abydos. Portraits, etc. 12 pièces dont
8 avant la lettre.

5   **Asselyn** (d'ap.). — Le voyageur ; très belle épreuve
avec le premier titre.

6   **Aubin** (**Saint-**). — Narcisse. Sujets mythologiques :
belles épreuves avant la lettre. 4 pièces.

7   **Bartolus de Rubeis**. — Palladis artes ; belles épreuves,
toutes marges. 15 pièces.

8   **Baudouin**. — Exercices militaires. 12 pièces.

9   **Baur**. — Paysages avec sujets ; très belles épreuves,
12 pièces.

10   **Benouville**. — Les deux pigeons : épreuve avant la
lettre, état d'eau-forte.

11 **Berghem.** — Le cahier à la femme. Le joueur de cornemuse. Les travaux de la bergère ; très belles épreuves, plusieurs avant la lettre. 12 pièces.

12 **Berghem** (par et d'ap.). — Le bac. L'abreuvoir ; eau-forte pure. Le soir. Le joueur de flûte. Le repos du berger ; belles épreuves. 15 pièces.

13 **Bertin.** — **Borel.** — Pan et Syrinx. L'allaitement maternel encouragé ; très belles épreuves. 2 pièces.

14 **Bertinot.** — **Bézard.** — **Bignon.** — La femme à la sandale ; très belle épreuve avant la lettre. Saint Louis de Gonzague, etc. 11 pièces.

15 **Bettelini.** — **Bonasone.** — **Bloemaert.** — **Both.** — **Bosboem.** — L'Assomption. Saint Jérôme et saint Jean ; très belle épreuve rare ; eaux-fortes et bois anciens, signature de Mariette. 16 pièces.

16 **Bida.** — **Blakey**, etc. — Fuite en Égypte, avant la lettre. Le triomphe de Louis XV. Clémence d'Alexandre, etc. 10 pièces.

17 **Boilly.** — Avant la toilette ; très bonne épreuve.

18 **Boilly.** — Le boulevard du Temple, en couleur. Portraits. 7 pièces.

19 **Boissieu** (de). — Le chien fidèle. Le cuvier. L'écrivain public ; avant la lettre. 8 pièces.

20 **Bouchardon.** — **Brunelière.** — Sujets d'après l'antique. Batailles ; avant la lettre. 24 pièces.

21 **Boucher** (d'ap.). — Pensent-ils au raisin, par Le Bas ; très belle épreuve.

22 — L'amour frivole, par Beauvarlet ; très belle épreuve.

23 — Vénus à sa toilette. Les pescheurs. 4 pièces.

24 — La courtisane amoureuse, par de Larmessin ; belle épreuve.

25 **Bounieu** (d'ap.). — Henri IV et Sully ; belle épreuve.

26 **Bourdon. — Bout. — Brauwer. —** Paysages. Le buveur endormi, etc. 11 pièces.

27 **Bracquemond.** -- La servante, d'après Leys ; épreuve d'artiste sur vieux papier.

28 **Brascassat. — Breughel. — Brinkman. — Brussel. —** Scènes flamandes. Paysages. 12 pièces.

29 **Brauwer. —** Le chirurgien, gravé par Vischer ; très belle épreuve.

30 **Brébiette. —** Sujets mythologiques, en forme de frise ; belles épreuves. 25 pièces.

31 **Buffalmacco. — Della Porta. — Della Bruna.** — Mater pulchrae delectionis. Le crucifiement. La visitation. 6 pièces.

32 **Callot. —** Les gueux, gravé par Israël ; belles épreuves. 25 pièces.

33 — Salvatoris beatæ Mariæ. 16 pièces dont 6 avant les numéros.

34 — Les Gobbi ; belles épreuves. 20 pièces.

35 — Les gueux, gravés par Van Heck. 25 pièces.

36 — Costumes Louis XIII. La noblesse, etc. 24 pièces.

37 **Caraglio. —** Les travaux d'Hercule ; 2 très belles épreuves de premier état avant l'adresse de Salamanque.

38 **Caravage** (Polydore de). **— Campiglia. —** Bas-reliefs ; allégories. 20 pièces.

39 **Carrache. — Cipriani. — Le Corrége. —** Paysages. Descente de croix. L'olympe en couleur. Léda, etc. 15 pièces.

40 **Cavalleris. —** L'annonciation ; très belle épreuve, rare.

41 **Cazin. —** Frise antique du port au blé ; très belle eau-forte, rare. Paysages. 17 pièces.

42 **Champagne**. — Portrait d'Antoine Arnault ; très belle épreuve toute marge.

43 **Chaplin**. — **Charlet**, etc. — La fileuse ; belle eau-forte avant la lettre. Les querelleurs. La musique ; avant la lettre. 6 pièces.

44 **Chardin**. — **Chatelain**. — Le benedicite, belle épreuve. Modes du dix-huitième siècle. L'amour, le vin et la folie. 6 pièces.

45 **Choffard**. — **Clerget**. — Les loges du vatican. Orne-ments. 21 pièces.

46 **Cochin**. — Combat des Romains et des Sabins ; très belle épreuve avant la lettre. Pompe funèbre de Philippe IV d'Espagne. 2 pièces.

47 **Couché**. — Bataille d'Eylau, avant la lettre. Portraits de la Révolution. 19 pièces.

48 **Cruikshank**. — The bottle. The drunkard's children. 16 pièces.

49 **Custodis**. — Maria Fuggera ; portrait avec figures allégoriques ; très belle épreuve signée, rare. La Vierge et Jésus. 2 pièces.

50 **Daman**. — **David de Gênes**. — Sainte Famille. Œuvres de David ; très belles épreuves. 16 pièces.

51 **David** (d'ap.). — Portraits de maréchaux, etc. 38 p.

52 **Debucourt**. — Hussards au galop ; belle épreuve avant la lettre. *Les Visites*. 2 pièces

53 — Une soirée chez madame Geoffrin ; superbe épreuve.

54 **Decamps**. — **Delaroche**. etc. — École turque. Les élèves de David ; lithographie rare. Une ferme, avant la lettre, sur parchemin. Portrait de Carle Vernet. 8 pièces.

55 **Delaulne** (Étienne). — Trophées et batailles ; très belles épreuves. 6 pièces.

56 **Della Bella.** — Vues diverses de ports de mer ; très
belles épreuves avant la lettre. 5 pièces.

57 — Exercices de cavalerie ; très belle suite avant les numéros. 19 pièces.

58 **Demarteau. — Desmoulins. — Descamps. —**
Lycurgue blessé. Ornements. Paysages ; belles eaux-
fortes rares, avant la lettre. L'Amour et Psyché.
8 pièces.

59 **Dessain.** — Paysages et animaux, à l'eau-forte ; très
belles épreuves. 11 pièces.

60 **Deveria,** etc. Le goût nouveau, en couleur. Lithographies en couleur. 13 pièces.

61 **Diana Scultori.** — Charge de cavaliers, en forme de
frise ; superbes épreuves. 2 pièces.

62 **Diaz. — Dien. — Dupont.** — L'amour désarmé. Le
Dante ; belle épreuve avant la lettre. Le consul
Lebrun ; superbe épreuve de Calamatta, noms à la
pointe. 5 pièces.

63 **Dietricy.** — Paysages à l'eau-forte ; très belles épreuves
avant les numéros. 14 pièces.

64 **Dietrick. — Dolci. — Dorigny. — Ducis. —
Duez.** — Paysages. Allégories. La Charité. Jeanne
Darc ; avant la lettre. L'accouchée. 9 pièces.

65 **Dujardin** (Karel). Eaux-fortes originales, avant l'a-
dresse ; très rares. 5 pièces.

66 **Dumoutier.** — Portraits des représentants du peuple.
32 pièces.

67 **Dunouy.** — Paysages ; très belles épreuves, plusieurs
avant les numéros. 28 pièces.

68 **Duplessis Bertaux.** — Gabriel. Scènes de la Révolution. 37 pièces.

69 **Durand. — Dirk Eversen.** — Vues de Paris en
couleur, par Janinet. Un moulin. 7 pièces.

70 **Durer** (Albert). — La Vierge au singe (B. 42) ; belle
  épreuve.

71 — Le crucifiement. La mort de la Vierge, etc. 4 pièces.

72 — La vie de la Vierge ; gravures sur bois. 9 pièces.

73 **Dusart** (Cornelis). — Le violon ; assis ; belle épreuve.

74 **École française**. Les neuf muses. Serment d'amour.
  La thèse des dames. Costumes, etc. ; très belles
  épreuves. 11 pièces.

75 **Églises de Paris**. — Les Capucins. Les Carmes. Les
  Chartreux. Les Feuillants. La Madeleine. Abbayes
  diverses, etc. ; anciennes épreuves. 150 pièces.

76 **Eisen** (d'ap.). — En-têtes de pages ; très belles épreuves.
  12 pièces.

77 — Le trictrac. La comète, par Lebas ; très belles épreuves.
  2 pièces.

78 — L'accord de mariage ; superbe épreuve.

79 **Fatio** (Morel). — **Ferdinand.** — **Flameng.** — In-
  cendie en mer ; avant la lettre. J'aime le roi. J'aime
  ma patrie. Breuvage d'amour, etc. 13 pièces.

80 **Flameng.** — **Frère.** — **Fromentin.** — Le lutrin.
  François Ier à Chenonceaux. Les fauconniers ; eaux-
  fortes avant la lettre. 4 pièces.

81 **Fock.** — Paysages. Diner de gala ; très belles épreuves.
  10 pièces.

82 **Fortuny**. — Le guitariste ; eau-forte avant la lettre.

83 **Forestier**. — Portraits de généraux et savants illustres.
  136 pièces.

84 **Forster.** — Les trois grâces, d'après Raphaël : très belle
  épreuve.

85 **Fragonard.** — Le chiffre d'amour, par de Launay ;
  belle épreuve sans marge.

86 **Francisque. -- Genoels.** — Paysages et sujets mythologiques : bonnes épreuves. 36 pièces.

87 **Fremy.** — Portraits des principaux personnages de la
Révolution. 50 pièces.

88 **Galle** (Corneille et Philippe). — Jésus aux enfers. — La
visitation ; belles épreuves. 13 pièces.

89 **Gallays. — Gérard. — Gessner.** — La charité.
Maison des deux Corneille. Corine au cap Mycènes ;
1 état. Offrande à Pan. Combats. 15 pièces.

90 **Gellée** (Claude) (d'ap.). — Paysages. Fuite en Égypte,
etc. 11 pièces.

91 **Gelée.** — Histoire d'Hercule, d'après le Poussin.
20 pièces.

92 **Ghisi. — Gilot.** — Moïse et les serpents ; 1 état, avant
l'adresse. Enfance de la Vierge ; très belle épreuve
avant la lettre, etc. 6 pièces.

93 **Giffard.** — Costumes d'ordres religieux. 108 pièces.

94 **Giotto. — Girard. — Glaubert.** — Les malheurs
de Job. Premier chagrin. Premières caresses, avant la
lettre. Paysages avec figures. 12 pièces.

95 **Girardet.** — Assemblée des notables à Versailles, 1787;
très belle épreuve.

96 **Goltzius.** — La charité. Hercule et Déjanire. La visitation ; belles épreuves. 8 pièces.

97 — La mise au tombeau ; superbe épreuve.

98 **Gourcy. — Greatbach,** etc. — Vues de Turquie.
Fines gravures anglaises. 22 pièces.

99 **Granville. — Gavarni. — Grévin.** — Scènes de
Molière. Travestissements en couleur. 40 pièces.

100 **Grenier.** — Victoires et conquêtes des Français.
50 pièces.

101 **Guaspre** (le). — Paysages avec figures ; belles épreuves. 23 pièces.

102 **Gudin**. — Trophées des armées françaises ; bonnes épreuves. 37 pièces.

103 **Guérard. — Guibal. — Hédouin. — Hilair.** — Voyage en Orient, etc.: plusieurs eaux-fortes avant la lettre. 56 pièces.

104 **Guyot**. — Vue de Tivoli. Ruines de Cestius, en couleur ; belles épreuves ; rares. 2 pièces.

105 **Hogarth. — Honthorst. — Heinlich**, etc. — The times : caricatures anglaises. Les voyageurs Siciliens, en bistre. Allégories, etc. 14 pièces.

106 **Huet**. — Vignettes in-4° pour Virgile ; des doubles ; avant la lettre. 40 pièces.

107 — La garde fidèle. L'hyménée. Léda. Bacchanale. Les présents du jour de l'an, en couleur. 5 pièces.

107 *bis* — Jupiter et Sémélé. Le bain de Léda ; très belles épreuves en couleur. 3 pièces encadrées.

108 **Histoire d'Italie**. — Portraits. 101 pièces.

109 **Jacquemart**. — Moïse de Michel Ange ; très belle épreuve avant la lettre.

110 **Jacques. — Johannot.** — La forge. Une amitié, etc.; eaux-fortes originales. 9 pièces.

111 **Kilian. — Klass.** — Scènes de la bible ; belles épreuves. Paysages à l'eau-forte. 16 pièces.

112 **Klein. — Kobel.** — Paysages à l'eau-forte et en bistre, avant les numéros. 24 pièces.

113 **Kolb**. — Grands paysages avec sujets mythologiques ; très belles épreuves. 4 pièces.

114 **Laborde** (de). — Voyage en Arabie. 49 pièces.

115 **Lagrenée. — La Croix.** — Les amours enchaînés par les grâces, par Lempereur ; très belles épreuves. Les orientaux. La tour du grec, etc. 6 pièces.

116 **Lalanne. — Lami. — Lebailly.** — Vues d'Orient ;
eaux-fortes sur japon, avant la lettre. 11 pièces.

117 **Laneret** (d'ap.). — La belle complaisante.

118 — La coquette de village l'adolescence, gravés par
Larmessin ; épreuves anciennes. Le baiser à la capu-
cine, en couleur. 4 pièces.

119 **Lasne** (Michel). — **La Hyre.** — Les entretiens du
sage. Sainte Famille, etc. 17 pièces.

120 **Laurens. — Lesueur.** — La caravane. Saint Protais.
Les sangliers forcés, etc. 9 pièces.

121 **Lebarbier.** — Daméte et Milon, Gessner, par de Lon-
gueil ; belles épreuves. 5 pièces.

122 — Adam et Ève. Combat des Horaces, gravé par Janinet :
superbes épreuves. 3 pièces.

123 — Bain des femmes mahométanes, par de Launay ; superbe épreuve avant la lettre.

124 **Leclerc** (Sébastien). — Figures d'académie ; collection
Chartener. 24 pièces avant les numéros.

125 **Leclerc** (Sébastien). — Jérusalem délivrée. Église de
la Mercy. 24 pièces.

126 **Leclerc** (Sébastien). — La grande vignette. Louis XIV.
Réjouissances ; belles épreuves. 3 pièces.

127 **Lepautre.** — Vases antiques. Trophées. Allégories ;
belles épreuves. 13 pièces.

128 — Vases et frises ; très belles épreuves. 17 pièces.

129 **Leprince. — Loizelet.** — La récréation champêtre,
par Gaillard ; très belle épreuve. Les saisons. Le petit
Coblentz ; en couleur ; avant la lettre. 3 pièces.

130 **Leprince** (X.). — Les inconvénients ; en couleur.
11 pièces.

131 **Lesueur** (d'ap.). — **Lingelbach**. — Allégories et
scènes diverses par Queverdo. Vie de saint Bruno.
Vues de ports de mer, etc. 32 pièces.

132 **Loutherbourg** (d'ap.). — L'amant curieux. Le doux
repos : 2 très belles épreuves.

133 **Lucas de Leyde**. — Jésus apparait à Madeleine
(B. 77) ; très belle épreuve ; collection Beurnonville ;
Baptême. Prise de Jésus (B. 40) (B. 45). 3 pièces.

134 **Lucas de Leyde**. — Couronnement d'épines (B. 69).
superbe épreuve.

135 **Lucas de Leyde**. — Jésus présenté au temple et au
peuple (B. 50) (B. 70). Saint Pierre et saint Paul
(B. 106) ; très belles épreuves. 3 pièces.

136 **Maes**. — **De Mare**. — **Lalauze**. — **Martial**. —
L'adoration des bergers ; eau-forte avant la lettre. La
foire aux servantes. Les rues de Paris ; avant la lettre.
5 pièces.

137 **Maître allemand**. — Scènes historiques ; anciens
bois. 46 pièces.

138 **Mariette**. — **Mercier**. — **Mantegna**. — La ser-
vitude. Le printemps. L'ange gardien. La belle dor-
meuse. par Avril ; très belle épreuve. 4 pièces.

139 **Martial**. — Les arrondissements de Paris ; demeures
célèbres. 31 eaux-fortes.

140 **Martinus**. — **Metsu** (d'ap.). — **Mierevelt** —
Millet. — Un guerrier d'après Meissonier. Animaux. La visite à l'accouchée par Flameng. La batteuse
de beurre ; eaux-fortes avant la lettre. 7 pièces.

141 **Marvy**. — Paysages et sujets ; eaux-fortes, plusieurs
avant la lettre. 15 pièces.

142 **Meissonier**. — Défilé des populations à Nancy, par
Jacquemard, avant la lettre. La partie de cartes.
2 pièces.

143 **Meunier.** — Différentes vues des palais d'Espagne ; très belles épreuves. 48 pièces.

144 **Meunier** (d'ap.). — Séance extraordinaire tenue par Louis XVI le 19 novembre 1787. Charles d'Artois sortant de la cour des aides ; très belles épreuves, marges. 2 pièces.

145 **Michel-Ange** (d'ap.). — Prophètes. Sybilles. Le jugement dernier. 32 pièces.

146 **Molyn.** — **Monnet.** — **Moreau**, etc.. — Paysages. Le désir ingénu par de Mouchy. Tableau de l'empire ottoman ; en couleur. Le flûtiste. Le guitariste. 8 pièces.

147 **Moreau** (d'ap.). — La partie de whist ; gravé par Dambrun.

148 **Moreau.** — Ouverture des États généraux. Constitution de l'Assemblée nationale ; très belles épreuves du premier tirage. 2 pièces.

149 **Moreau.** — **Masquelier.** — Maison carrée et bains de Nismes. Arrivée de Rousseau aux Champs-Élysées. 3 pièces.

150 **Napoléon** et ses contemporains ; 12 bonnes épreuves sur chine par Deveria.

151 **Natoire.** — **Nilson.** — **Normand**, etc. — L'enlèvement d'Hélène. Paysages. La tempête. La musique, etc.; belles épreuves avant la lettre. 13 pièces.

152 **Nolpe.** — **Van Ostade** (d'ap.). — Buveurs. La grange ; très belles épreuves. 5 pièces.

153 **Parrocel.** — Études de soldats. 19 pièces.

154 **Pater** (d'ap.). — **Picart.** — Arrivée de l'opérateur à l'hostellerie ; belle épreuve. Triomphe de la peinture, etc. 6 pièces.

155 **Perdoux. — Pérelle. — Poily. — Pinelli. —**
Études de cavaliers. Vues d'Italie. Prison de Dardanus.
Les laveuses, etc. 27 pièces.

156 **Pérelle.** — Vues et paysages; album de 113 belles
épreuves.

157 **Pérignon.** — Paysages à l'eau-forte; très belles
épreuves. 21 pièces.

158 **Pesne.** — La vie d'Hercule d'après le Poussin.
17 pièces.

159 **Peyron.** — Scènes pastorales et religieuses d'après le
Poussin. 40 pièces.

160 **Petit.** — Fables et scènes humoristiques: eaux-fortes
avant la lettre. 12 pièces.

161 **Pierre.** — Sacrifice au dieu Pan, par Lempereur; belle
épreuve. La paysanne italienne. Le bal improvisé;
eaux-fortes originales; rares. 4 pièces.

162 **Pierre.** — La fête de village; eau-forte originale,
superbe épreuve; rare.

163 **Piranèse.** — Les colonnes Trajane, Antonine, etc.;
belles épreuves. 3 pièces.

164 **Potter** (Paul). — La vache; eau-forte originale,

165 **Poussin** (d'ap. le). — Scènes mythologiques et de
l'histoire ancienne. Vie de la mère de Dieu. 57 pièces.

166 **Procaccini.** — Saintes Familles; belles épreuves rares.
Les parques d'ap. Prud'hon. 3 pièces.

167 **Queyron,** etc. — Dans les Landes. Portraits, etc.;
eaux-fortes avant la lettre. 8 pièces.

168 **Raimondi** (Marc-Antoine). — Homère et Orphée.
L'entrée des enfers. 12 pièces.

169 **Raphael** (d'ap.). — Madone de l'impannata. La For-
narina. Conversion de Constantin. Saintes Familles;
bonnes épreuves anciennes. 13 pièces.

170 **Raphaël** (d'ap.). — Les loges du Vatican. 12 pièces.

171 **Reinhart.** — Paysages et vues d'Italie; plusieurs avant la lettre; très belles épreuves. 12 pièces.

172 **Rembrandt.** — Le peseur d'or. L'adoration des bergers. Gueux hollandais; belles épreuves. 6 pièces.

173 **Rembrandt.** — Le liseur. Jésus au milieu des docteurs (Cl. 68). La fuite en Égypte. La circoncision. Jésus et la Samaritaine; belles épreuves. 8 pièces.

174 **Rembrandt.** — Jésus chassant les vendeurs du temple; très belle épreuve, rare (B. 69) (Cl. 73); premier état avant la petite bouche.

175 **Rembrandt.** — Éliézer et Rébecca. Retour de l'enfant prodigue (B. 91) (Cl. 95). Gueux estropiés (B. 179) (Cl. 176). Femme nue au bain; belle épreuve. 8 pièces.

176 **Rembrandt** (par et d'ap.). — La barque au repos. Gueux au bain. Le moulin. 11 pièces.

177 **Rembrandt** (d'ap.). — Le bon Samaritain, par Donon avant la lettre. Paysages. La présentation au temple; encadrée. 5 pièces.

178 **Renard. — Reynols. — Rodermond.** — Ornements anciens, à la sanguine; eaux-fortes par Flameng. Vues de la Rochelle. Portrait de Jean Second; belles épreuves. 12 pièces.

179 **Rolandson.** — Le professeur Syntax; très belles épreuves en couleur. 30 pièces.

180 **Rolls. — Renouard. — Rugendas.** — La proposition. Les coulisses de l'opéra. Batailles; belles épreuves à deux tons. 21 pièces.

181 **Rubeïs** (J. de). — **Rugendas.** — Bas-reliefs de l'arc de Constantin; belle suite. Sujets militaires, à l'eau-forte; très belles épreuves. 40 pièces.

182 **Rubens** (d'ap.). — Voilà ma richesse. Continence de Scipion. Portraits de la femme de Rubens et du baron de Vicq, etc. 18 pièces.

183 **Rubens** (d'ap.). — Massacre des Assyriens. Serment de Porsenna. Paysage par Bolswert. Allégories: belles épreuves. 6 pièces.

184 **Sadelez. — Salamanca. — Spranger.** — L'ange Gabriel. La nativité. Saint Jérôme. Martyre de saint Paul: superbe épreuve du premier état. 12 pièces.

185 **Sadeler.** — Portrait de Marquard Freher; superbe épreuve sur soie.

186 **Saint-Non.** — Bas reliefs, statues, d'après Fragonard; belles épreuves. 13 pièces.

187 **Saint-Non.** — Sujets d'après les dessins de Fragonard; très belles épreuves. 14 pièces.

188 **Salamanca** (Antoine). — Lutteurs. L'amour prisonnier. Danse des muses. Gladiateurs, etc.; belles épreuves. 12 pièces.

189 **Saffrey. — Salomé. — De Schennis.** — Vues de Paris et de Versailles. Vues des environs de Rome; eaux-fortes dont une avant la lettre sur japon. 6 pièces.

190 **Santerre.** — Suzanne au bain; belle épreuve en couleur.

191 **Schall.** — Le panier renversé; en couleur. Le garde-chasse scrupuleux ou le nid découvert; très belles épreuves. 2 pièces.

192 **Silvestre** (Israël). — Vues de la maison de M. Le Coigneux (120) et de M. le Président. Vues de Versailles en premier état; très belles épreuves. 7 pièces.

193 **Soyer. — Spierre. — Stella.** — Scènes historiques d'après le Poussin. Massacre des innocents. Le jardin des oliviers; belle épreuve. 24 pièces.

194 **Steen** (Jean). — Le villageois en belle humeur. Les
amours et les douceurs de Jean Steen ; très belles
épreuves avec le premier titre, lettres grises. 2 pièces.

195 **Steinmuller**. — **Vieux** maître. — **Tavernier**. —
Scènes de la bible ; belles épreuves. 44 pièces.

196 **Swanevelt**. — Histoire d'Adonis. Tentation de
saint Antoine. Paysages. 29 pièces.

197 — Paysages et vues d'Italie. 30 pièces.

198 **Savery**. — **Teniers** (d'ap.). — Van Uden. Paysage
d'après Teniers ; eau-forte rare. La danse de village.
Les politiques. La fileuse flamande. La solitude. Scènes
de gueux. Les bergers d'Arcadie : belle épreuve avant
le nom. 10 pièces.

199 **Tardieu**. — Portraits de généraux et savants illustres.
89 pièces.

200 **Teniers** (d'ap). — Les œuvres de miséricorde, gravé
par Le Bas. Les misères de la guerre ; très belles
épreuves. 2 pièces.

201 **Tettelin**. — Tiepolo. Tramullas. Allégories d'amours
en forme de frise. Un martyre. Mascarades espa-
gnoles : belles épreuves. 9 pièces.

202 **Titien** (d'ap. le). — Enlèvement de Ganymède. Les dis-
ciples d'Emmaüs. Judith et Holopherne. La mort de
Goliath. etc. 11 pièces.

203 **Toussaint**. — Les universités de Cambridge et
d'Oxford ; belles épreuves de remarque. Vues d'Angleterre ; eaux-fortes sur Japon. signées. 7 pièces.

204 **Truschel**. etc. — Portraits de Luther et des ducs de
Saxe, rare. 12 pièces.

205 **Troy** (de). — **Van Eick**. — **Van Falens** — Jupiter
et Danaë. Léda. L'adoration des mages ; très belle
épreuve. Rendez-vous de chasse. La peste de Mar-
seille, par Flameng. etc. 8 pièces.

206 **Valencienne**. — **Van Uden**, etc. — Paysages d'Italie et de Sicile. 16 pièces.

207 **Vernet** (d'ap.). — Études de cavaliers. Marines et paysages. 28 pièces.

208 — Le mouton favori ; eau-forte originale avant la lettre, rare.

209 **Vien** (d'ap.). — **Vouet** — **Vleughels**. — **Vlieger**. — **Westall**. — Offrande à Cérès, par Beauvarlet. Les filles de Loth. La sensitive ; avant la lettre, 16 pièces.

210 **Vos** (Martin de). — Scènes de la Bible ; très belles épreuves. 19 pièces.

211 **Virgile**. — Vignettes pour ses œuvres, par Huet ; avant la lettre ; des doubles. 39 pièces.

212 **Waterloo**. — Petits paysages à l'eau-forte ; très belles épreuves. 26 pièces.

213 **Weirotter**. — Paysages et marines à l'eau forte ; belles épreuves. 36 pièces.

214 **Wicar**. — Pierres gravées antiques, par D. Bertaux et Forster. 12 pièces.

215 **Wierix**. — La charité. Sainte Famille ; très belles épreuves. 2 pièces.

PORTRAITS

216 **Aved**. — **Bourdon**. — **Freudenberg**. — **Graff**. — Portraits de J.-B. Rousseau ; très belle épreuve remontée. Martin de Charmois. Haller. Gessner, etc. 5 pièces.

217 **Kymnli**. — **Kneller**. — **Largillière**. — **Lemoine**. — **Tocqué**. — Portraits de Pomme. Sydney. Mademoiselle de Largillière. Louis XV, par Daullé ; belles épreuves. 5 pièces.

218 **Mignard. — Mierevelt. — Pothoven**, etc. — Portraits de Louis de Hesse, de Laubespine, princes de la maison d'Orange ; belles épreuves. 8 pièces.

219 **Martinet. — Aubry.** — Portraits de Kléber, Mortier, Soult, Brune. 7 pièces.

220 **Pesne. — Ranc. — Rigaud.** — Portraits de Frédéric le Grand, l'évêque de Beaujeu, Pierre de la Broue, cardinal de Rohan, etc ; belles épreuves. 6 pièces.

221 **Rousselet. — Stieler. — Trinquesse.** — Portraits de Guesnault, duc de Bragance, etc. 6 pièces.

222 **Sanders. — Tangé.** — Princes de la maison d'Orange : belles épreuves. 8 pièces.

223 **Voët. — Van der Werf. — Lemoine.** — Portraits du maréchal des Humières ; très belle épreuve, Thomas Morus, Jacques V, Fouquet de Belle-Isle, marquis de Créquy, de Follard ; en couleur. 11 pièces.

VIGNETTES

224 **Bolomey. — Borel. — Gravelot.** — Vignettes pour le monastère de Prémol, Lydia, Molière, Les nouvelles contemporaines, Zelmir, Voltaire. 58 p.

225 **Eisen. — Gravelot.** — Théâtre de Voltaire, Métamorphoses d'Ovide, Contes de Marmontel, etc. ; belles épreuves ; plusieurs avant la lettre. 55 pièces.

226 Histoire ancienne : suite complète, vignettes et portraits. 48 pièces.

227 **Huet**. — Vignettes pour Virgile ; avant la lettre; des doubles. 37 pièces.

228 **Johannot** (Tony). — **Lacoste**. — Vignettes pour le paradis perdu, etc. 67 pièces.

229 **Le Barbier. — Le Prince. — Moreau**. — OEuvres de Voltaire et autres ; plusieurs avant la lettre. 39 pièces.

230 **Moreau. — Queverdo**. — Vignettes pour Télémaque. Vert-Vert, etc.; belles épreuves. 24 pièces.

231 **Raffet**. — Histoire de Napoléon. Révolutions de Paris. 78 pièces.

232 — Histoires de France et de la Révolution. 61 pièces.

233 **Monnet. — Massard. — Parizeau. — Granville**. — Scènes romantiques et autres. 89 pièces.

234 Vignettes romantiques. Scènes historiques. Portraits. 62 pièces.

235 Vignettes diverses anciennes, par Le Barbier. Almanach des muses. 56 pièces.

VUES

236 Vues de Suisse pour Toppfer, par Calame, Daubigny, etc. 41 pièces.

237 Vues du château de Chantilly; par Perelle et autres; 30 pièces.

238 Vues de la tour de Nesle, hôtel de Nevers, par Silvestre Mérian, etc. de Laon, Péronne, Poitiers, Périgueux. Provins, par Leprince. 58 pièces.

239 Vues des châteaux de Fontainebleau et Vaux-le-Vicomte. Les Invalides; par Ducerceau, Perelle, Aveline, Lepautre, Janinet, etc. 79 pièces.

GRAVURES DIVERSES

240 Les mystères de Paris. Fables humoristiques par
Lorsay, etc. 52 pièces.

240 *bis* Caricatures; Mayeux. 23 pièces.

241 Histoire d'Angleterre; portraits. 119 pièces.

242 Costumes coloriés de la Restauration; gravures diverses.
91 pièces.

243 Galeries historiques de Versailles. 36 pièces.

244 Figures d'histoire naturelle. Scènes diverses. 125 p.

245 Vues d'Orient. Portraits. Paysages; scènes romantiques.
88 pièces.

246 Scènes mythologiques. Gravures d'après Raphaël, Zur-
baran. 96 pièces.

247 Histoires de Danemark, Suède, Espagne. Portraits
anciens. 136 pièces.

248 Portraits. Vues de France et d'Italie. Caricatures.
80 pièces.

249 Reproduction des principaux tableaux d'Italie, par
Viviani. 75 pièces.

250 Portraits des célébrités de l'histoire de France. Environ
350 pièces.

251 OEuvre de Bianchi et Consoni. Bas-reliefs antiques; très
beau lot. 188 pièces.

252 Vues d'Autriche et de Moravie : en couleur. 65 pièces.

253 Vues de France et de Suisse ; en couleur. Caricatures.
81 pièces.

254 Le triomphe du Christ. Bas-reliefs. Frontispices, etc.
62 pièces.

255 Vues d'Italie, d'Espagne et de Grèce. Portraits, etc.
63 pièces.

256 Collection de statues antiques. Maison du poëte tragique
à Pompéi. 75 pièces.

257 Peintures inédites d'Herculanum. Scènes diverses.
63 pièces.

258 Vues de la campagne de Rome ; eaux-fortes pures,
belles épreuves. 9 pièces.

259 Vues d'Italie. Scènes et mœurs de Paris. Portraits. Sujets
gracieux. 83 pièces.

260 Portraits et vignettes anciennes diverses. 143 pièces.

261 Gravures diverses. Histoire ancienne. 15 pièces.

262 Chapelle sixtine. 16 pièces.

263 Histoire ancienne. Portraits. 121 pièces.

264 Les loges de Raphaël. Gravures diverses. 93 pièces.

265 Biographie universelle. Portraits. 119 pièces.

266 Vues de Dresde en couleur. Mort d'Eudamidas, etc.
38 pièces.

267 Antiquités d'Herculanum. Scènes mythologiques et historiques. Photographies, etc. 145 pièces.

268 Les portefeuilles de la collection.

Paris. — Imp. E. Capiomont et V. Renault, rue des Poitevins, 6.